愛知大学東亜同文書院ブックレット

❼

孫文を支えた日本人 山田良政・純三郎兄弟

武井義和

●目　次●

刊行に寄せて

藤田　佳久

このたび、ブックレット『孫文を支えた日本人　山田良政・純三郎兄弟』を東亜同文書院大学オープン・リサーチ・センターから刊行することになりました。

山田良政・純三郎兄弟は明治初期に津軽の弘前で誕生し、兄は1900年南京に開設された南京同文書院の教員、弟はその学校の後身として1901年上海に開設された東亜同文書院の事務員兼教員で、兄弟ともに孫文の協力者として中国の革命に深く関わっていった人物です。とくに純三郎は兄の思いを遂げるため、孫文の実質的な秘書として活躍し、多くの孫文関係資料が手元に残ることになりました。現在、愛知大学東亜同文書院大学記念センターでは、彼らが遺した膨大な資料を受け継ぎ、管理しております。というのは、山田純三郎の四男である故山田順造氏が亡くなる直前の1991年秋に、所蔵されていた父純三郎の手元に集まっていた孫文およびその関係の全ての資料を愛知大学へ寄贈して頂いたからです。

愛知大学東亜同文書院大学記念センターは、それをもとに誕生した組織であります。1998年には愛知大学の前身的存在である東亜同文書院大学の展示も含め、常設展示室も開設し、貴重な資料の一部を一般公開することになりました。資料は近代日中関係史および中国近代史に直接関わる、まさに重要なものであります。

本年（2011年）は辛亥革命100周年の記念すべき年でもあります。それだけに多くの方々に山田兄弟と孫文関係の所蔵資料を知って頂きたく、本ブックレットの刊行を計画いたしました。当記念センターの武井義和ポスト・ドクターが写真の選択を行い、解説文も執筆しました。

なお、愛知大学東亜同文書院大学記念センターは2006年度より5年間、文部科学省が推進する高度化研究推進事業（オープン・リサーチ・センター事業）に選定され、その一環として2006年度の横浜から、2007年度には東京、2008年度には弘前と福岡、そしてアメリカのシカゴ、2009年度には神戸、2010年度には京都、米沢、名古屋で巡回展示会と講演会を行ってまいりました。そのうち、山田兄弟と孫文に関わる展示会と講演会は、山田兄弟の出身地弘前で開催することを計画し実施しました。

このブックレットは、弘前での展示会・講演会の開催をきっかけとして企画したものです。弘前市民の方々はもちろん、広く山田兄弟について知って頂き、またあわせて、このような資料を所蔵する愛知大学の歴史的背景についてのご理解も深めて頂けましたら幸いです。そしてこのブックレットが、皆様にとりまして山田兄弟のみならず、日中関係史や中国近現代史に対する興味・関心を持って頂く契機となれば幸いです。

（愛知大学東亜同文書院大学記念センター長）

凡　例

1）本書に掲載した資料は、一部を除き、愛知大学東亜同文書院大学記念センターが所蔵するものである。それらの中には未公開資料を多数含んでいる。

2）年号は原則として西暦で表記し、和暦を適宜カッコ書きで併記した。また、中国人の生没年や中国史に関する箇所は、基本的に西暦のみとした。

3）漢字表記は原則として日本の常用漢字を用いた。

4）本書は山田良政・純三郎兄弟に関する概説書という性格が強い。そのため、中国近代史や近代日中関係史に関する詳細な説明や、専門的な解説は割愛した。

5）本書に掲載した地図は、主要道路や関連地名を中心に記し、その他の道路等は適宜省略してある。

6）弘前の表記については、必要に応じて「弘前」、「弘前市」を使い分けた。

1．山田良政・純三郎兄弟

写真１　山田良政

1868（慶応４）〜 1900（明治 33）年。弘前・在府町の生まれ。

写真２　山田純三郎と孫文

山田純三郎（写真左、1876〔明治 9 〕～ 1960〔昭和 35〕年）。純三郎は良政の弟。彼の隣は中国の革命家、孫文（1866 ～ 1925 年）。

２．津軽が生んだ国際人——山田良政・純三郎兄弟

愛知大学東亜同文書院大学記念センターは2008年7月26･27日の両日、弘前駅前市民ホールにおいて、弘前出身の山田良政・純三郎兄弟と、愛知大学の前身であり、かつて上海に存在した日本の高等教育機関・東亜同文書院（1901～45年、39年に大学に昇格）に関する資料展示会・講演会を行った。会場では訪れた地元の方々から、山田兄弟とはいかなる人たちか、そして弘前からはるか遠く離れた愛知県にある愛知大学が、兄弟に関する資料をなぜ持っているのかについて関心が寄せられた。そこで、あらためて「東奥日報」の紙面をお借りして、孫文と弘前出身の山田兄弟および東亜同文書院・愛知大学の関わりについて簡述することにした。以下の文章は「東奥日報」に、2008年9月8日～11日の4日間にわたり連載されたもので、本ブックレットへの掲載にあたり必要な修正を加えている。

［1］孫文と出会う——アジア復興、理念に感銘

山田良政（1868～1900年）、純三郎（1876～1960年）の兄弟は近代中国の革命家・孫文の革命活動を支えた人たちである。元津軽藩士で明治維新後「津軽塗」を復興させた山田浩蔵の長男、三男として在府町で誕生した（浩蔵には四男三女があった）。兄弟ともに東奥義塾（現在の東奥義塾高校）の卒業生である。

この山田家の向かいが陸羯南《くがかつなん》宅であったこともあり、良政は陸の影響を受けるようになった。

1888年、当時東京にいた陸を頼り上京した良政に対し、陸は「これからは中国をよく研究することが必要である」と説き、また中国に渡っても食うに困ってはいけないということで、水産伝習所（現在の東京海洋大学）への入学を勧めた。良政は水産伝習所を卒業後、1890年に北海道昆布会社に入社し上海支店へ赴任した。その後、日清戦争では陸軍通訳官として出征、1898年に起こった「戊戌《ぼじゅつ》の政変」では変法派の救出にかかわっている。

山田良政（中）、純三郎（右）の兄弟、左は末弟の四郎（1897 年弘前で撮影）。ほかに二男清彦等がいた。

その良政が孫文と面識を得たのは 1899 年 7 月、東京の神田三崎町で会談したときであった。これ以後、良政は孫文の革命活動を支援するようになるが、孫文の祖国に対する情熱やアジア復興という理念などに感銘を受けたようである。

［2］兄の遺志を継承——側近として孫文支える

1900 年、孫文は中国南部の広東省恵州で清朝打倒の戦い、いわゆる「恵州起義」を起こした。その時期、山田良政は東亜同文書院の前身である南京同文書院で教授兼幹事になっていたが、短期間で辞職し「恵州起義」に身を投じた。だが、結局この戦いは失敗に終わり、良政は清軍に捕らえられ処刑されてしまった。享年33歳の若さであった。しかし、最期の詳しい状況については現在も定かではない。

やがて時が下り、清朝打倒を辛亥革命という形で成功させ中華民国を樹立した孫文は、革命翌年の1913年2月から3月にかけて日本を公式訪問した。

その際、孫文は東京谷中の全生庵に良政の碑を建てた。また碑文もしたためているが、その中に「庚子又八月革命軍起恵州　先生挺身赴義遂戦死」とある。しかし、実はこの時点では生死不明だった。最終的に良政の戦死が判明したのは1918年のことである。弟の純三郎は遺骨の代わりに土を持ち帰り、同年弘前の貞昌寺（新寺町）で葬儀が営まれ、そして再び孫文によって碑が建てられた。この時も孫文は碑文をしたためている。彼の良政に対する思いが深かったことがうかがい知れる。

この兄の遺志を継承するかのように、弟の純三郎は長年孫文の側近として秘書的役割を担っていくことになった。

純三郎は1901年から数年間、東亜同文書院に事務員兼助教授という身分で勤務していたが、日露戦争出征後、東亜同文書院を辞職し南満洲鉄道株式会社に入社した。やがて嘱託となり、孫文を支える役割を担っていくことになった。

いつごろから孫文に深くかかわるようになったかについて、具体的なことは分からないが、純三郎は辛亥革命勃発後の1911年12月に欧米から帰国した孫文を香港まで出迎えに行っており、また1913年に孫文が日本を公式訪問した際には純三郎が一員として同行していたことが、遺された写真で確認できる。

［3］「中国革命之友」——戦争直後も純三郎を評価

東亜同文書院大学記念センターには孫文が純三郎に与えた革命資金

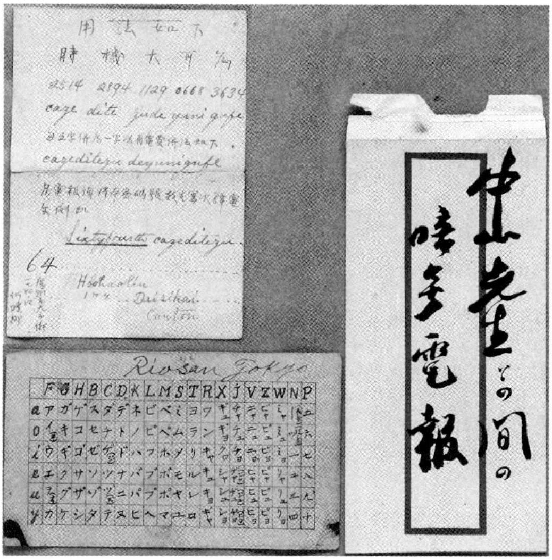

孫文との電報のやりとりで純三郎が使用した暗号表

に関する領収書や支払書、また両者が電報を発信・受信する際に用いた暗号表などが保管されており、それらは記念センターの常設展示室で一般公開している。孫文は 1925 年 3 月に北京で亡くなるが、紙面の関係もあるので、それまでの間における孫文と山田純三郎の関係を詳述することはできない。しかし、これらの資料から両者の深いかかわりをうかがい知ることができよう。

なお、純三郎は孫文の死に水を取った唯一の日本人であるといわれている。

孫文逝去後、1930 年代に入ると日中関係は戦争の時代へと突入した。日中戦争中、純三郎は上海で日本語専門学校の校長を務めていたが、やがて敗戦——。混乱の中で、純三郎は一体どうなったのか？

敗戦当時、上海には十万人近い日本人がいたが、進駐してきた国民政府軍により集中営に移住させられ、行動も管理されるなど、厳しい制約の下に置かれるようになった。

しかし、国民政府軍は1946年3月に証明書を発給し、純三郎に対して従来通りの生活を認めるという特別待遇をした。その理由は、かつて孫文の革命に協力したということによるものだった。また同年5月に国民政府軍が発行した雑誌「導報画刊」には、純三郎紹介記事が掲載されており、「中国革命之友」と記されている。

日本敗戦直後にあっても、中国側の純三郎に対する評価が高かったことの証しであり、当時の状況を考えると驚きを禁じえない。

純三郎は戦後日本に引き揚げ、東京都練馬区に居住した。そして1960年、その地で亡くなった。

しかし、亡くなってもなお、孫文そして中国革命との縁は途切れず、1976年、貞昌寺に純三郎の記念碑が建てられた。碑の上部中央に篆刻《てんこく》されている碑銘「永懐風義」（「立派な行いを永くおもう」の意味）は、蔣中正が贈ったものである。蔣中正とは蔣介石のことである。現在、この碑は貞昌寺境内において良政の碑と並んで建っている。

［4］膨大な資料——日中関係史解明へ活用

山田良政・純三郎兄弟については今後研究を深めていかねばならない点もあるが、津軽弘前が生んだ、日中両国の懸け橋となった国際人として高く評価できるのではないだろうか。

さて、こうした兄弟の軌跡を示す資料がなぜ愛知大学にあるのか、その経緯はどのようなものであったかについて、疑問を持たれた方も多いであろう。これらの資料は、1991年10月に純三郎四男の故山田順造氏によって愛知大学に寄贈されたものである。

順造氏は東京に住んでいたが、その家には膨大な資料があり、ある人の言葉を借りれば、資料があるどころではなく資料に埋まっている状態だったそうである。

順造氏は良政・純三郎兄弟を顕彰する目的で、所蔵する資料を展示する資料館を個人で建設する考えを持っていた。そのために敷地の選定や獲得に大変力を入れられたようである。しかも、その構想も単なる資料展示の場とするにとどまらなかった。つまり資料館の上に宿舎を設置し、日中友好の観点から日本人学生と中国人学生を居住させ、自分は寮監という形で学生たちと共同生活をするということも考えていたようである。

だが、個人で資料館を建設し維持していくことは、予算などの面で負担が大きいことが分かり、またご自分も病気になったこともあり、結局は断念せざるを得なくなった。その後、かつて在学していた東亜同文書院大学の同期生をはじめとする多くの方々のご尽力もあり、亡くなる直前に関係資料を愛知大学へ寄贈されたのである。

なお、東亜同文書院大学記念センターでは兄弟に関する資料をもっぱら「山田家資料」と称している。この山田家資料には良政・純三郎兄弟に直接かかわる、いわば歴史資料だけでなく、順造氏が兄弟について研究・調査したおびただしい量の論文や資料のコピーなども含まれている。

現在、兄弟にかかわる歴史資料のごく一部を常設展示室で公開しているが、2008 年 7 月にも展示会の形で多くの方々に資料をご覧いただいた。それとともに、山田家資料を積極的に研究に活用し、日中関係史の解明に資していかねばならないと考えている。

3．山田兄弟のふるさと、津軽弘前

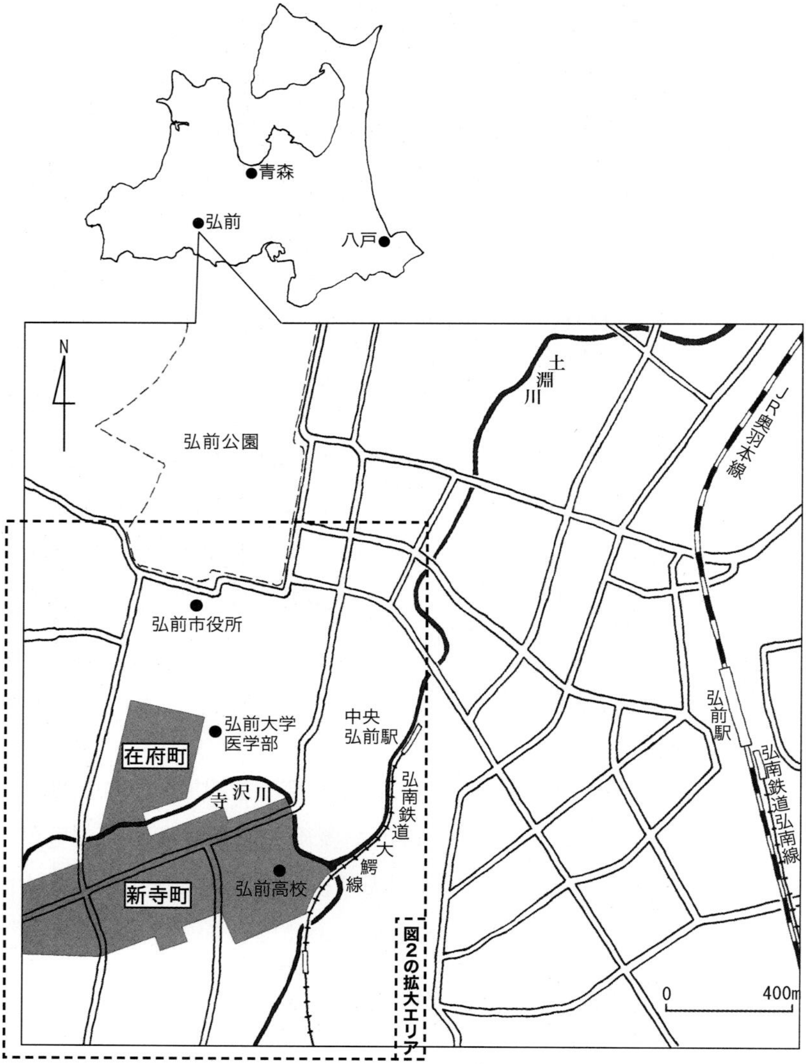

図１　弘前市地図

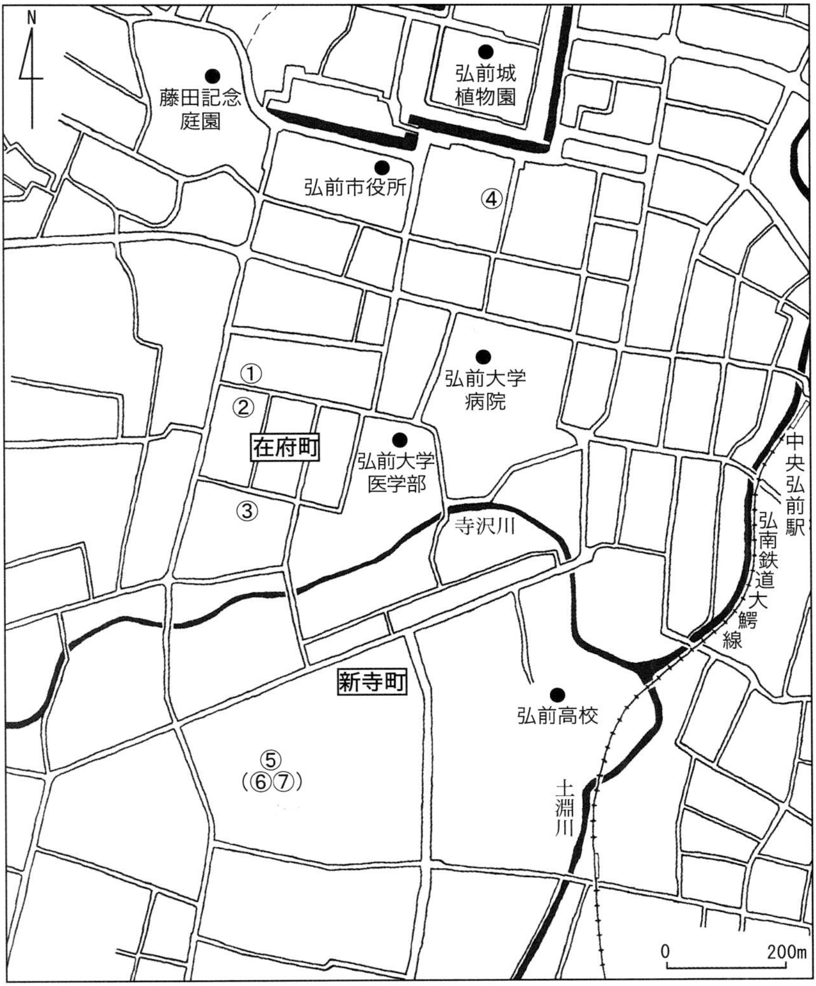

①山田兄弟の生家跡　②陸羯南生誕の地　③朝陽小学校（後に③に移転）
④旧東奥義塾外人教師館　⑤貞昌寺　⑥山田良政碑（貞昌寺）　⑦山田純三郎碑（貞昌寺）

図２　弘前市拡大地図

（番号は 16 ～ 19 頁の写真に対応）

写真３　山田兄弟の生家跡（①）

写真４の向かいの場所周辺を撮影したもの。

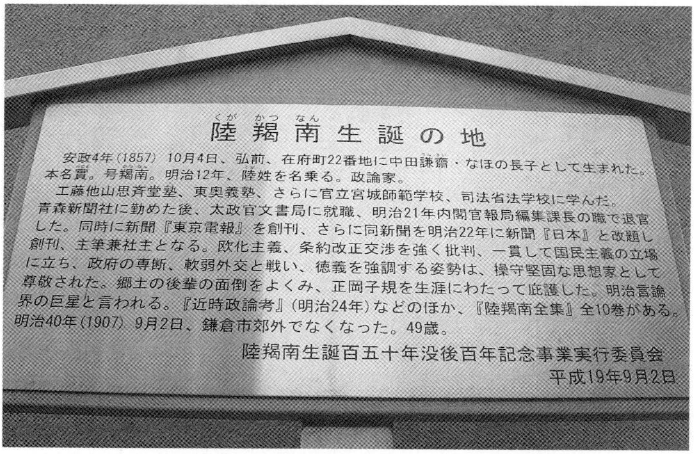

写真４　陸羯南生誕の地（②）

山田家は陸家の向かいにあった。良政はそうした縁があって、後に上京し進路の相談をした。

写真５　朝陽小学校での写真（1941〔昭和 16〕年）（③）

山田兄弟は弘前市在府町にある朝陽小学校の卒業生である。写真は良政慰霊法要の際に、純三郎の竹馬の友らと写ったもの。

写真６　旧東奥義塾外人教師館（④）

山田兄弟は朝陽小学校卒業後、叔父の菊池九郎が 1872（明治５）年に創設した東奥義塾に入学した。山田兄弟の母きせは菊池九郎の姉であり、菊池家と山田家は親戚関係にあった（顔写真は菊池九郎）。

写真７　貞昌寺の山門と本堂（⑤）

写真８　貞昌寺にある庭園（⑤）

貞昌寺は山田家の菩提寺で、境内には山田良政・純三郎兄弟の記念碑がある（⇒写真９・10 参照）。また、貞昌寺にある庭園は 2002（平成 14）年に青森県の名勝に指定された。

（写真７・８は貞昌寺住職の赤平法導氏提供）

写真９　山田良政碑(⑥)
1919（大正８）年建立。

写真10　山田純三郎碑(⑦)
1976（昭和 51）年建立。

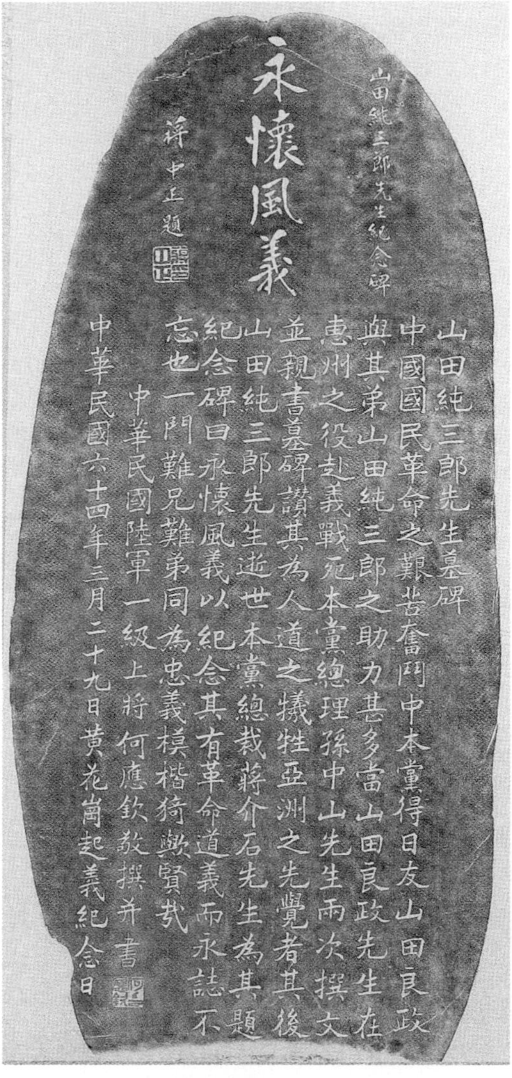

写真 11　山田純三郎碑の拓本

山田純三郎碑は青森県日華親善協会などが関わり、1976（昭和 51）年 5 月に貞昌寺に建立された。碑銘「永懐風義」は蔣中正、すなわち蔣介石が贈り、本文は何応欽（⇒写真 16・17 参照）がしたためた。

◉エピソード　山田家について

2008年に東亜同文書院大学記念センターが山田兄弟に関する資料展示会・講演会を開催した折、山田家の菩提寺である貞昌寺の住職・赤平法導氏のご講演によると、貞昌寺は初代津軽藩主の津軽為信（1550～1607年）が自分の母親のために建立した寺であった。そのため、明治以前は藩主の許可がなければ入れなかったが、その頃から山田家は墓があり檀家であったという。したがって、家老に準ずる家柄であったことは間違いないと紹介された。

写真12　山田浩蔵自慢の品々

これを裏付けるかのように、山田良政・純三郎兄弟の父親である山田浩蔵自慢の品々からは、藩政時代に山田家の地位がある程度高かったことがうかがえる。

ちなみに、津軽藩士だった山田造蔵（1838～1918年）は、明治維新後に津軽塗を再興し、また第五十九銀行（現在の青森銀行）取締役を務めるなど、弘前の発展に大きな役割を果たした。

写真13　晩年の山田浩蔵

4．弘前を訪れた革命家たち

東京から遠く離れた弘前にも、山田兄弟との関係で中国の革命家たちが訪れた。ここでは、戴季陶《たいきとう》と何応欽《かおうきん》の２名を取り上げる。

写真 14　戴季陶と弘前の名士たち（1916〔大正５〕年７月）
前列左２人目から戴季陶、菊池良一、後列中央は竹内助七。

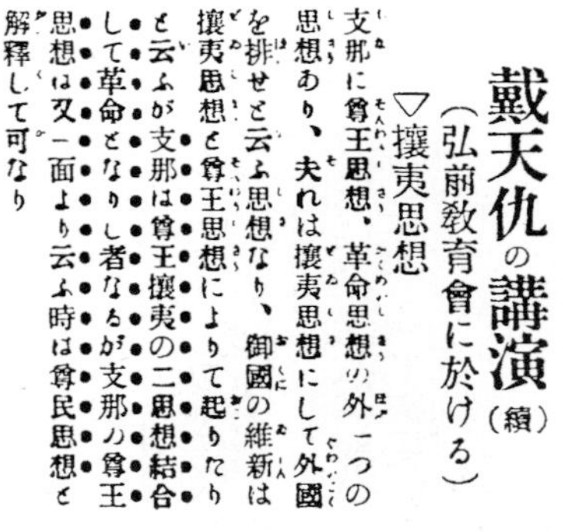

戴天仇の講演（續）
（弘前教育會に於ける）
▽攘夷思想
支那に尊王思想、革命思想の外一つの思想あり、夫れは攘夷思想にして外國を排せと云ふ思想なり、御國の維新は攘夷思想と尊王思想によりて起りたりと云ふが支那は尊王攘夷の二思想結合して革命となりし者なるが支那の尊王思想は又一面より云ふ時は尊民思想と解釈して可なり

写真15　弘前での戴季陶（天仇）の講演記事
（『弘前新聞』1916年７月24日）

戴季陶（1890 ～ 1949 年）は日本留学経験がある革命家。「季陶」は字《あざな》で名は「伝賢」、号は「天仇」。

菊池良一（1879 ～ 1945 年）は菊池九郎（⇒写真 6 参照）の息子で、衆議院議員や弁護士などを務めた。竹内助七（1883 ～ 1945 年）は俳人、柔道家。弘前柔道会長、青森県会議員などを歴任した。

写真 14 は戴季陶が山田浩蔵の病気見舞いのため、菊池良一の案内で弘前を訪れた際に撮影されたと思われる。

写真 16　良政墓参をする何応欽
（1955〔昭和 30〕年）

前列右が何応欽（1889 ～ 1987 年）。貞昌寺にて。何応欽は革命家、後に中国国民党軍の将軍。戦後台湾に渡る。

写真 17　同左

碑のもとには、良政の写真が掲げられている。

◉エピソード　　貞昌寺を訪れた台湾の駐日大使

1972（昭和 47）年に中華人民共和国と国交を樹立する以前、日本は戦後長らく台湾（中華民国）と国交を有していた。21 頁でも紹介した貞昌寺住職の赤平法導氏によれば、日台間に国交が存在した時代には、台湾の大使が日本赴任や離任の際に、制服・私服警官に護衛されながら必ず貞昌寺を訪れ、大きな花輪を携えて良政の碑や墓を参拝したという。

写真 18　記念センター主催の講演会で語る赤平法導氏
（2008 年 7 月 26 日、弘前駅前市民ホールにて）

5．山田良政――孫文の革命活動に命を捧げた男

⑴　弘前から清国へ

1888（明治21）年、陸羯南《くがかつなん》を頼って上京した良政は清国研究の大切さを説かれ、水産伝習所に入学した。翌年卒業し北海道昆布会社に入社、上海支店に転勤した。ここから良政と清国の関わりが始まる。

写真19　北海道昆布会社上海支店時代の山田良政（最前列左）

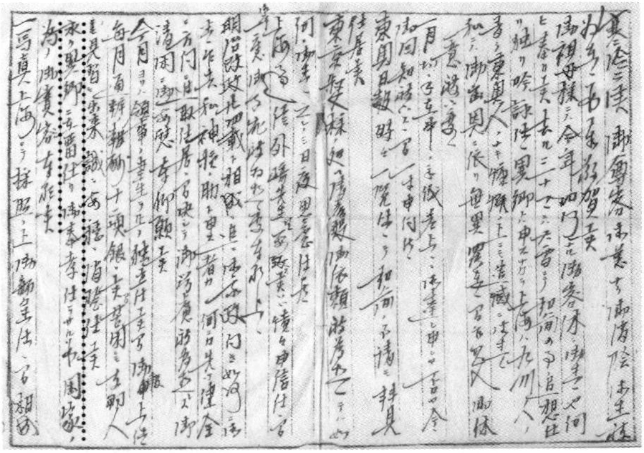

写真20　良政より浩蔵に宛てた書簡の一部（1891〔明治24〕年２月５日）
点線部には「永ク異郷ニ在留仕リ御奉孝仕ラサル所国家ノ為メ御寛容奉願候」とある。

写真 21　日清戦争従軍通訳者たちの集合写真（1896〔明治29〕年）

2 列目右から 4 人目（白丸囲み）が良政。日清戦争では陸軍通訳官として出征した。

写真 22　日清戦争後の良政

前列中央が良政。弁髪に中国服の姿となっている。北京駐在時か。

⑵ 孫文との出会い、そして「恵州起義」に参戦

1899（明治32）年に東京で孫文と出会った良政は即座に意気投合、翌年に東亜同文会が日清友好を目指して設立した「南京同文書院」の教員として赴任した。しかし、短期間で辞職し、孫文が広東省で起こした「恵州起義」に参戦したが、享年33歳で戦死した。

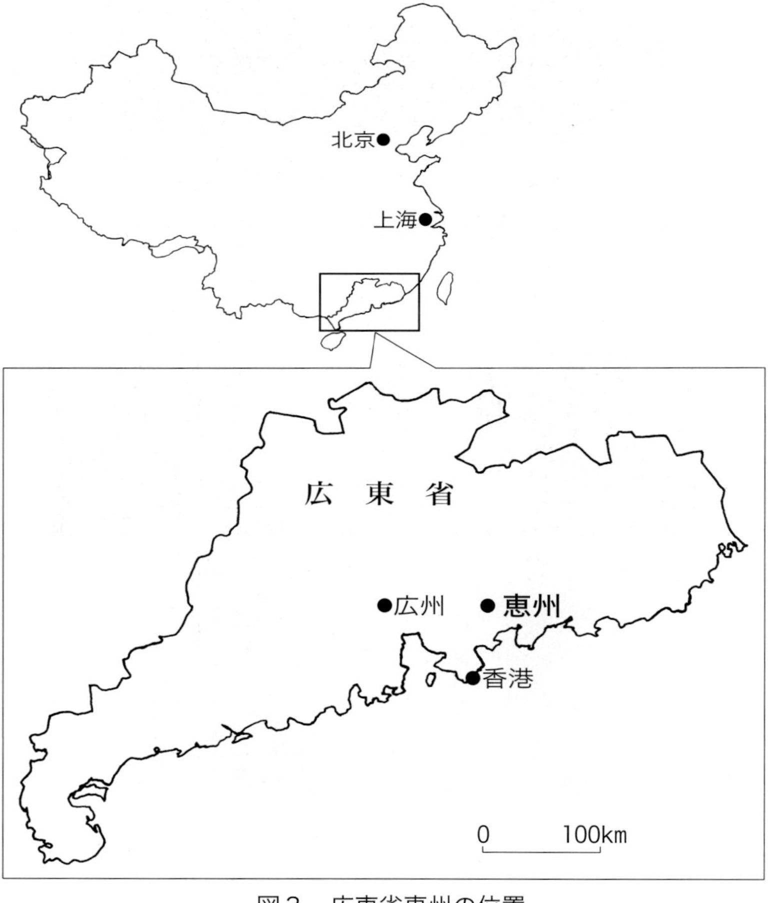

図３　広東省恵州の位置

写真 23　貞昌寺にある山田家の墓碑

向かって右から父、母、そして良政の戒名が彫られている。1920（大正 9）年に建立された。

⑶　東京に残る山田良政碑

清朝打倒を実現した翌年の1913(大正２)年２～３月、孫文は日本を公式訪問した。その際、東京谷中の全生庵に山田良政碑を建立した。

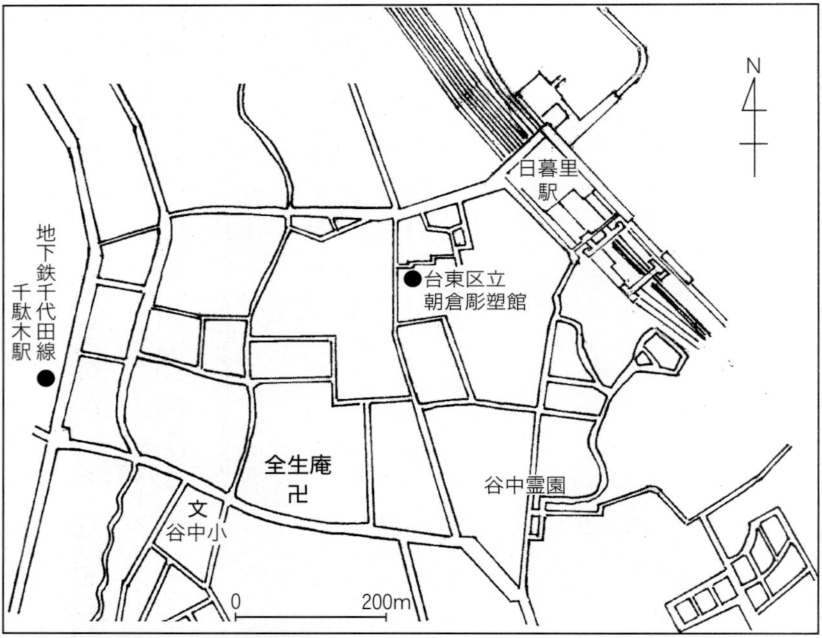

図４　全生庵周辺地図

写真24　全生庵にある山田良政碑

所々欠けているのは、戦時中米軍の焼夷弾が被弾したためである（後藤正人氏の論文を参照)。

写真 25　孫文による山田良政追悼文

全生庵の碑には、ほぼ同じ文面が篆刻されている。「民国二年」は 1913（大正 2）年にあたる。

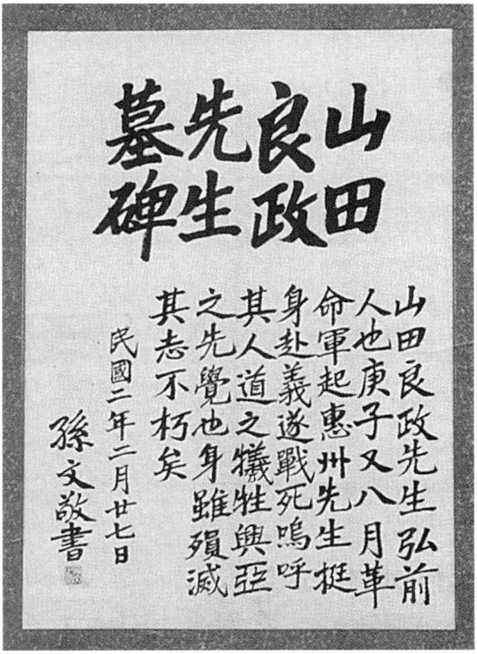

写真 26　全生庵の碑前における山田一家と親戚、関係者たち

前列左 3 人目から山田良政の妻・とし子、父浩蔵、母きせ、後列左 3 人目から菊池良一、純三郎。

⑷　死後18年目に判明した良政の戦死

良政の戦死は1918（大正7）年に偶然判明した。純三郎により良政が処刑された場所の土が持ち帰られ、弘前で葬儀が行われた。また、再び孫文撰の山田良政碑が貞昌寺に建立された。

写真27　洪兆麟《こうちょうりん》

「恵州起義」の際、清朝の軍人として良政を処刑した人物。

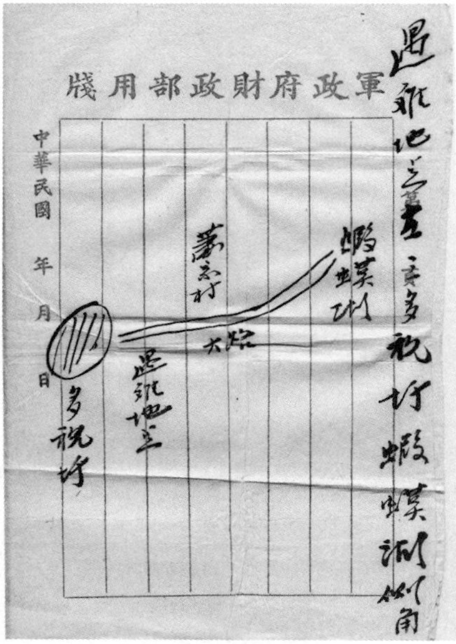

写真28　良政の処刑地を示した地図

◉エピソード　**洪兆麟の告白**

良政戦死の判明経緯について、純三郎は後年次のように語っている。

「……（洪兆麟が）広東で或宴会の席上、私に向って、貴君の兄君を殺したのは私である、どうか存分にして下さいと申しました。其人の云ふ記憶には、眼鏡をかけた支那服の外国人で、メリヤスのシャツを着、持物にはめがねの鋏があつたと申して居ます……顔は似て居ないが身体の格好は好く似ていると申します。どこに埋めたかを聞いたら、残念ながら盗賊と一緒に埋めて終ったので何処とも判りませんと云ふので、孫は「では殺した処の土丈でも山田に送れ」と申しました。……」

（『革命夜話』より。原文は漢字カタカナ文。句読点や鍵括弧を補足）

写真29　良政が処刑された場所の土を手渡す通知

「山田先生令兄死難処之土另箱安放該起封存候山田先生到並箱交上」
大意＝山田氏の令兄が殉難した場所の土を箱に入れて安置、保存し山田氏に箱ごと渡すこと。

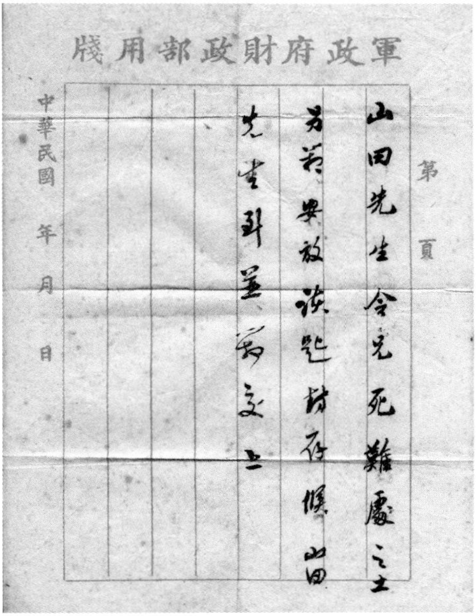
軍政府財政部用箋

第　頁

山田先生令兄死難處之土
另箱安放該起封存候山田
先生到並箱交上

中華民國　年　月　日

写真 30　貞昌寺での山田良政碑除幕式（1919〔大正８〕年 10 月 15 日）

6．山田純三郎 ——兄の遺志を受け継いだ孫文の「秘書」役

(1) 東亜同文書院から満鉄へ

純三郎は東亜同文書院に勤務し、日露戦争に陸軍通訳官として出征後、満鉄に入社した。ほどなく石炭販路拡大のため上海に赴任した。

写真 31　東亜同文書院時代の山田純三郎
前列中央が純三郎。事務員兼助教授という待遇だった。

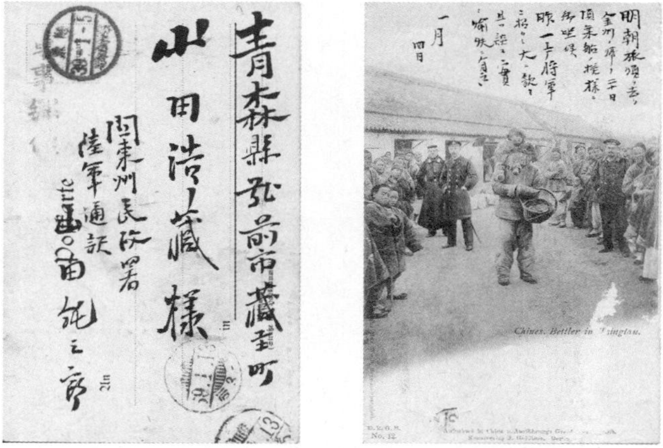

写真 32　純三郎が満州から父浩蔵に宛てたはがき（1906〔明治39〕年１月）
裏面（右）には、一戸将軍に招かれ大いに飲み語ったとある。一戸とは弘前出身で後に陸軍大将や教育総監などを務めた一戸兵衛（1855～1931年）を指す。

写真 33　満鉄奉天出張所長時代の純三郎と妻喜代

写真 34　上海に赴任していた頃の純三郎

右から 2 人目が純三郎。当時、三井物産上海支店に満鉄事務所を構えていた。

⑵　孫文の「秘書」役としての人生始まる

純三郎は1911年12月、辛亥革命成功の報に接し欧米から帰国した孫文を香港まで出迎えている。以降、孫文の「秘書」役として革命に深く関与していくこととなる。

写真35　デンバー号船上での写真（1911年12月21日）

前列左端からホーマ・リー（米国人）、純三郎、胡漢民《こかんみん》、孫文。後列左から6人目が宮崎滔天。

写真36　孫文と純三郎

7頁でも掲載したこの写真は、デンバー号船上で撮影された。

写真 37　中華民国軍需公債
（1912年２月発行）

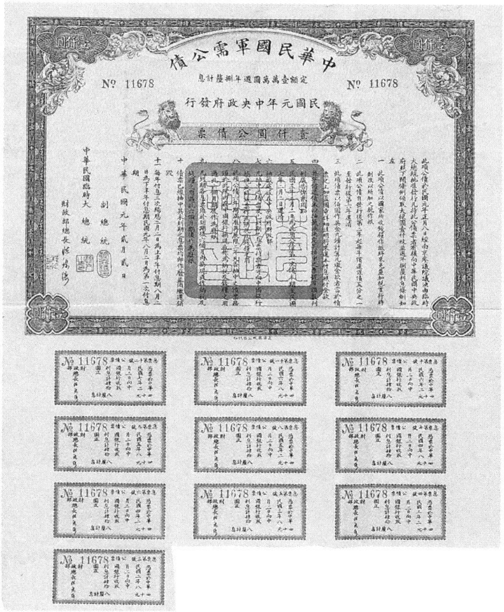

写真 38　藤瀬政次郎三井物産上海支店長に招宴された孫文たち
（1912〔大正元〕年４月６日）

最前列右から森恪、宮崎滔天、山田純三郎、菊池良一、藤瀬政次郎、後列右から２人目が廖仲愷《りょうちゅうがい》。純三郎の後ろに立つ人物が孫文。

⑶　1913年、孫文の公式訪日

1913（大正２）年２月から３月にかけて、孫文は日本を訪問した。亡命による日本への渡航や日本滞在が合計９年ほどにおよんだといわれる孫文だが、この訪問は公式の立場で来日した唯一のものであった。

写真39　東京・紅葉館での孫文歓迎会（1913〔大正２〕年２月）

中央で旗を持つ人物は梅屋庄吉、その後ろが孫文。梅屋は映画会社日活の創設者で、孫文を支援した１人である。

写真40　孫文胸像

孫文の死後、梅屋が製作した胸像の１つ。山田家に遺されていたもの。

写真 41　東亜同文会歓迎会で挨拶する孫文（1913〔大正 2〕年 2 月 15 日）

写真奥に立っている人物のうち、右から 2 人目が孫文。東亜同文会は南京同文書院、東亜同文書院の経営母体でもあった。

写真 42　奈良を訪問した孫文一行（1913〔大正 2〕年 3 月）

最前列中央が孫文、 2 列目右端が純三郎、その左隣は戴季陶。

⑷ 満州方面での工作と純三郎

1914 年とその翌年、満州の有力軍閥であった張作霖《ちょうさくりん》を打倒しようとする現地の動きに呼応するため、純三郎は革命家たちと満州に渡った。活動は実を結ばなかったが、その時の貴重な資料が山田家に遺された。

写真 43　京都・嵐山で満州渡航前に遊ぶ山田たち（1914〔大正 3〕年1月22日）

左から戴季陶（⇒写真 14・15 参照）、純三郎、陳其美《ちんきび》。彼らが遊ぶ様子を写した珍しい写真。

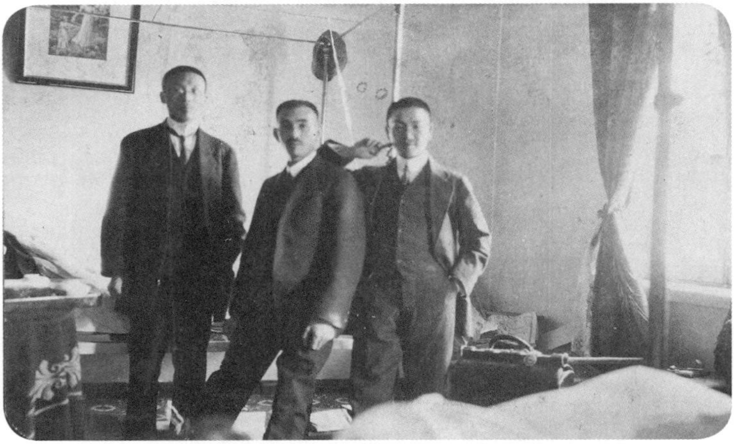

写真 44　大連満鉄病院にて

左から陳其美、純三郎、戴季陶。

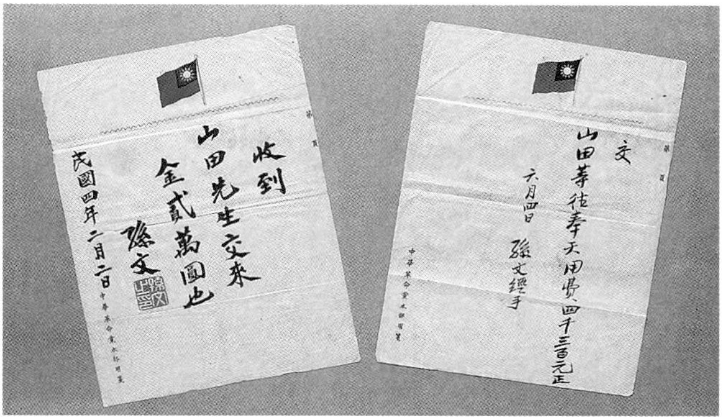
收到
山田先生交來
金貳萬圓也
孫文
民國四年二月二日

文
山田等往奉天用費、四千三百元正
六月四日　孫文經手

写真 45　革命資金に関する書類

左は領収書（1915 年 2 月 2 日）、右は山田たちが奉天に行く際の資金 4,300 元の支払書（元は中国の通貨単位）。

◉エピソード　山田家を襲った悲劇——陳其美暗殺と純三郎長女・民子

陳其美（1878 ～ 1916 年）は孫文の有力な協力者であり、純三郎の同志でもあった。彼は上海フランス租界にあった純三郎の家で、政敵・袁世凱の暗殺団により暗殺された。この時、幼い純三郎の長女・民子を抱えていた女中が銃声に驚き、地面に落してしまった。その後遺症で民子は脳に重い障害を抱えることになった。

『醇なる日本人』によれば、純三郎は家族に対して民子が日中友好の証である旨をよく諭したという。後に順造氏夫妻によって手厚く看護され、1991（平成 3 ）年に享年 76 歳の生涯を閉じた。

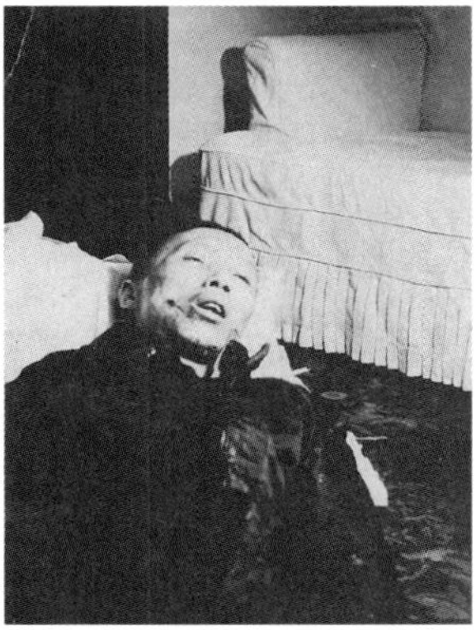

写真 46　暗殺直後の陳其美

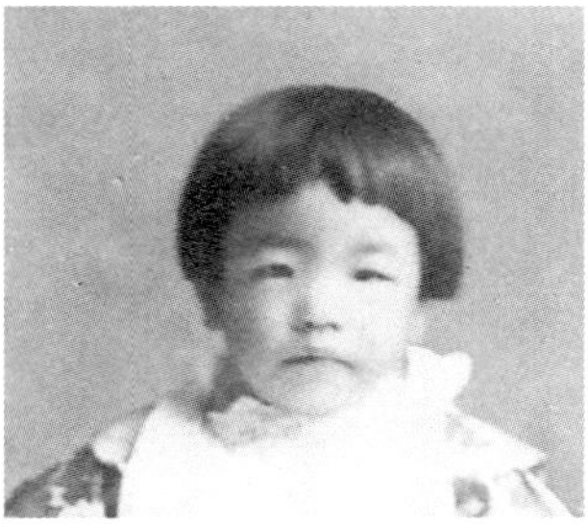

写真 47
幼少時の民子

⑸ 広東軍政府時代

孫文が 1917 年、1920 年、1923 年と 3 度にわたり広東省に樹立した広東軍政府にも純三郎は関わった。特に 1922 年 6 月、孫文に協力していた当地の軍閥陳炯明《ちんけいめい》がクーデターを起こした際、純三郎は藤田栄助広東総領事と連絡をとって孫文が上海へ逃げる手助けをし、また他の革命家の家族の救出にも尽力した。

写真 48　広東軍政府大元帥府

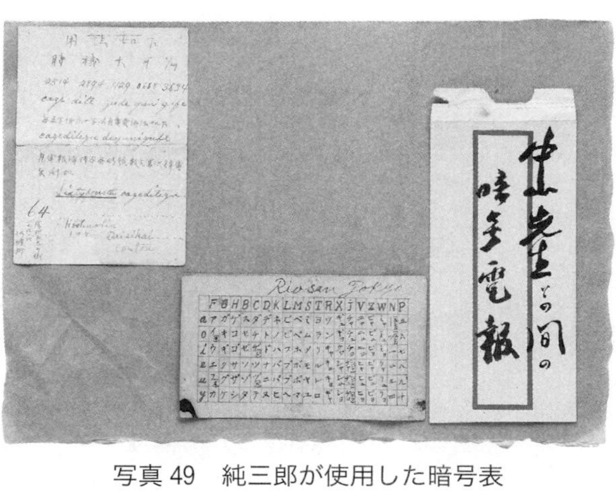

写真 49　純三郎が使用した暗号表

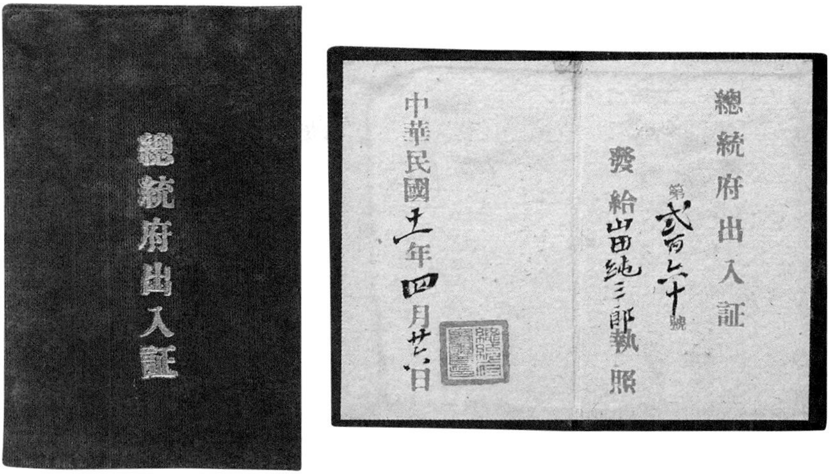

写真 50　広東護法政府総統府出入証

広東護法政府は第二次広東軍政府の後に成立。

写真 51　孫文・宋慶齢夫妻

1920 年に上海で撮影され、翌年 4 月に広州で大総統に当選した孫文を祝った純三郎に贈られた。上下にそれぞれ「To Mr and Mrs Yamada」、「Shanghai Oct. 1920」とサインが入っている。

⑹　孫文と純三郎、永久の別れ

1924 年、孫文は北京で有力軍閥の張作霖・段祺瑞《だんきずい》と会談するため広東から北上した。その途中で神戸に立ち寄り、「大アジア主義」講演を行った。純三郎は神戸で合流、孫文に付添って北京入りしたが、翌 1925 年 3 月、孫文は肝臓がんのため 58 歳の生涯を閉じた。

写真 52　神戸で頭山満らと会談する孫文
前列中央孫文、その右頭山満、後列左から純三郎、戴季陶、李烈鈞《りれつきん》。

写真 53　神戸出発前の
孫文・宋慶齢夫妻

写真 54　天津港に上陸した孫文一行
手を上げているのが孫文（1924 年 12 月 4 日）。

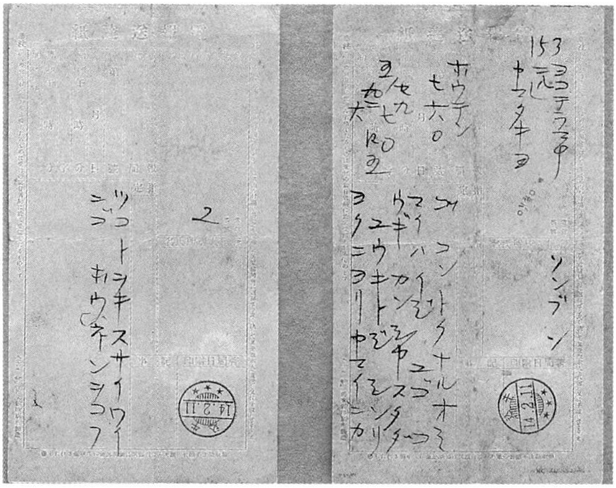

写真 55　孫文から山田喜代に宛てた見舞い返礼電報
（1925〔大正 14〕年 2 月 11 日）

「ご懇篤なるお見舞い拝受　ご厚誼感謝す　ただ勇気と自信力により病に勝つことを期す　幸いにご放念を乞ふ」と書かれている。

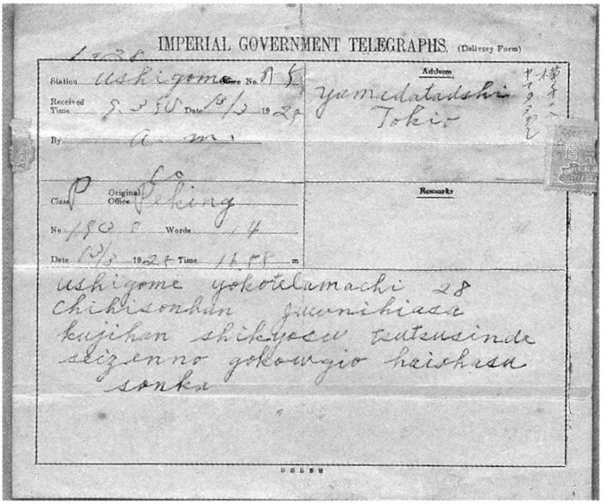

写真 56 孫科より山田忠に宛てた孫文訃報電報（1925〔大正 14〕年3 月 13 日）

電報はローマ字で「牛込横寺町 28　父孫文 12 日朝 9 時半死去す　謹んで生前のご厚誼を拝謝す　孫科」と書かれている。

孫科（1891 ～ 1973 年）は孫文の子で国民政府委員、1927 年の南京国民政府成立後は鉄道部長や立法院院長などを務めた。山田忠は純三郎の長男。

(7) 孫文の陵墓「中山陵」

孫文は 1925 年に北京の碧雲寺《へきうんじ》に埋葬されたが、1929 年南京に「中山陵《ちゅうざんりょう》」が造られ、孫文の棺が北京から移された。そして同年 6 月 2 日、中山陵において移霊祭が執り行われた。

写真 57　移動中の孫文の棺

移霊祭のために中山陵へ移動している途中と思われる。

写真 58　南京・中山陵での孫文移霊祭（1929〔昭和４〕年６月２日）

写真 59　移霊祭に参列する人の列
左から 2 人目が純三郎。

◉エピソード

移霊祭に参列した日本人

純三郎以外にも、頭山満や犬養毅などが移霊祭に参列した。以下の書は、その時に彼らが揮毫して純三郎に贈ったものである。

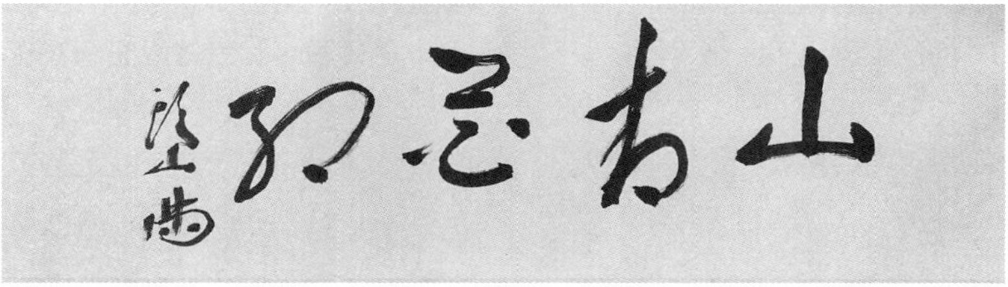

写真 60　頭山満書「山青花紅」

写真 61　犬養毅書「恕無怨」

⑻　孫文逝去後の純三郎と蒋介石

蒋介石と純三郎は1910年代からの同志だった。蒋は孫文死後の1927年に南京国民政府を樹立した。しかし、やがて独裁傾向を強めたため、両者の関係は一時冷却化した。

写真62　蒋介石と日本記者団

中央が蒋介石、その斜め後ろが純三郎。上海にて（1927年）。

写真63　蒋介石・宋美齢夫妻

純三郎夫妻に贈られた結婚記念写真。宋美齢は孫文夫人・宋慶齢の妹である。

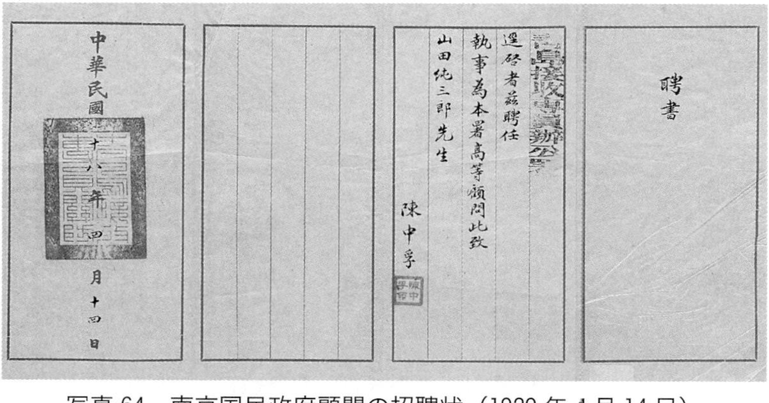

聘書

逕啓者茲聘任
執事為本署高等顧問此致
山田純三郎先生
陳中孚

中華民國十八年四月十四日

写真64　南京国民政府顧問の招聘状（1929年4月14日）

写真 65　蔣介石独裁に反対して北京で開催された拡大会議の様子
西山派をはじめとする各派の代表が聯合宣言に署名しつつあるところ。懐仁堂にて（1930 年 7 月 13 日）。

写真 66　同上
中央正面は汪兆銘（字は精衛）。北京・中海の居仁堂にて（1930 年 8 月 7 日）。

写真 67　拡大会議の際に孫文逝去の家にて（1930 年）
前列中央は汪兆銘、その右隣は純三郎。

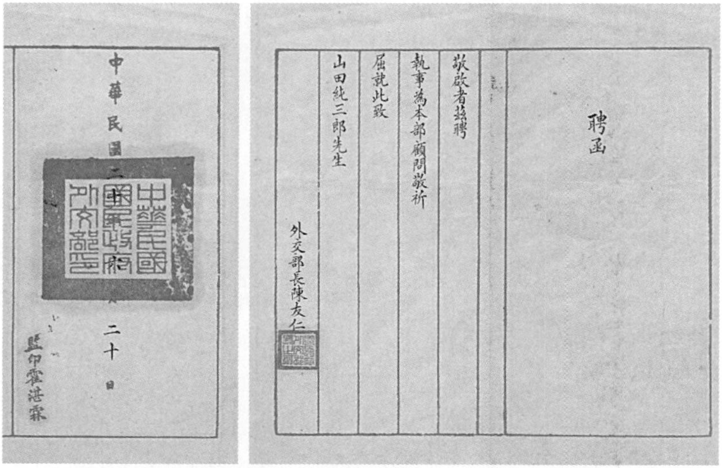

聘函

敬啟者茲聘
執事為本部顧問敬祈
屆就此致
山田純三郎先生
外交部長陳友仁

中華民國二十
中華民國國民政府外交部印
二十日
監印霍湛霖

写真 68　広東国民政府の外交部顧問招聘状（1931 年 6 月 20 日）

広東国民政府は 1931 年に、蔣介石率いる南京国民政府に対抗して樹立された政権。純三郎は広東国民政府で外交部顧問に招聘された。

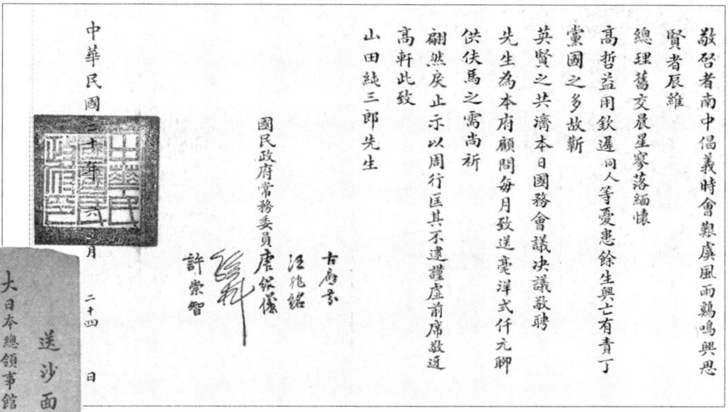

敬啓者南中倡義時會艱虞風雨鷄鳴興思
賢者辰維
總理舊交晨星寥落緬懐
高哲益用欽遲同人等憂患餘生興亡有責丁
黨國之多故蘄
英賢之共濟本日國務會議決議敬聘
先生為本府顧問每月致送毫洋弍仟元聊
供伕馬之需尚祈
翩然戾止示以周行匡其不逮謹虚前席敬迓
高軒此致
山田純三郎先生
古應芬
汪兆銘
國民政府常務委員唐紹儀
許崇智
中華民國二十年六月二十四日

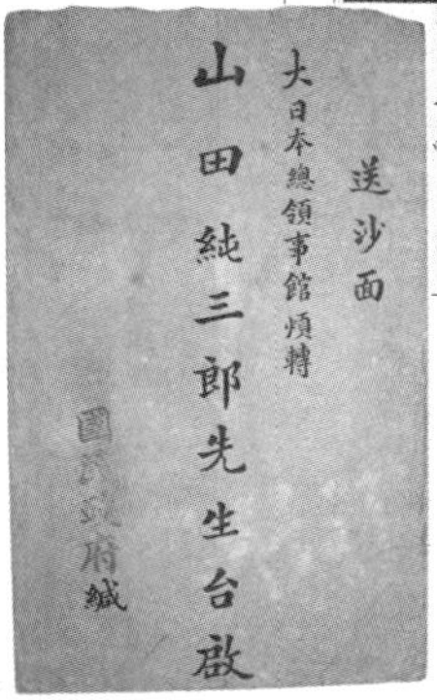

送沙面
大日本總領事館煩轉
山田純三郎先生台啟
國民政府緘

写真 69　広東国民政府の顧問招聘状と封筒
（1931 年 6 月 24 日）

招聘状には、純三郎に顧問として毎月 2,000 元を送ることが記されている。

写真 70　広東国民政府の要人たち

最前列右 3 人目から純三郎、須磨弥一郎広東総領事、孫科、左端汪兆銘、2 列目右から 2 人目陳中孚。広東国民政府は 1931 年に勃発した満州事変の影響で、翌年に南京国民政府と合流した。

⑼　日中戦争期の純三郎

純三郎は日中戦争勃発直前から戦争中にかけて、上海で日本語の専門学校の校長を務めていた。しかし、戦時期の純三郎を知る資料は比較的に少ないため、詳細の解明は今後の課題である。

写真 71　上海日語専修学校の玄関

純三郎は 1936（昭和 11）年から上海で日語専修学校を経営した。

写真 72　上海日語専修学校の卒業式写真（1944〔昭和 19〕年 3 月 26 日）

最前列左から 4 人目が純三郎。

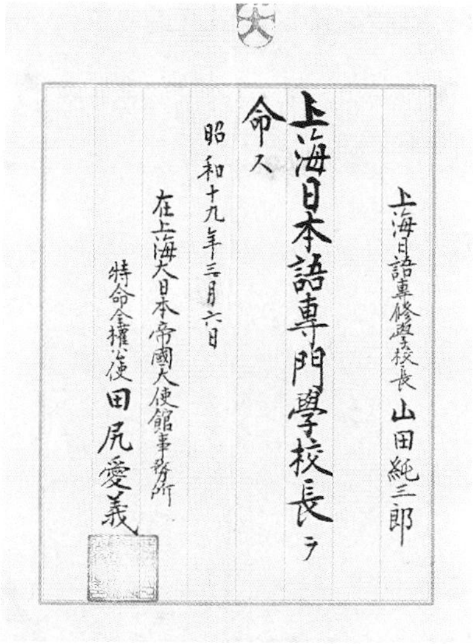

上海日語專修學校長 山田純三郎
上海日本語專門學校長ヲ
命ス
昭和十九年三月六日
在上海大日本帝國大使館事務所
特命全權公使 田尻愛義

写真 73　上海日本語専門学校
校長辞令
(1944〔昭和 19〕年３月６日)

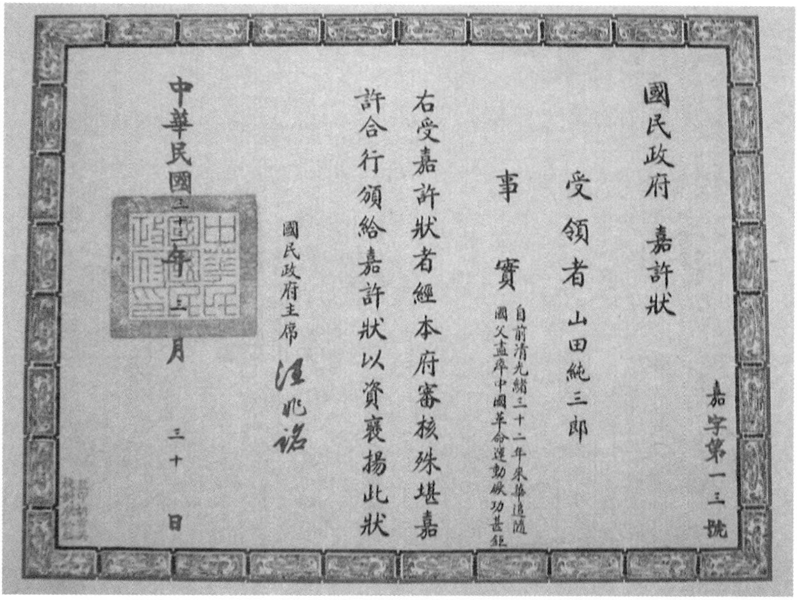

國民政府 嘉許狀
嘉字第一三號
受領者 山田純三郎
事實 自前清光緒三十二年來華追隨國父盡瘁中國革命運動厥功甚鉅
右受嘉許狀者經本府審核殊堪嘉
許合行頒給嘉許狀以資褒揚此狀
國民政府主席 汪兆銘
中華民國三十三年三月三十日

写真 74　汪兆銘政権が純三郎に与えた表彰状（1944 年３月 30 日）
孫文に協力し、中国革命に尽力した純三郎の功績を讃えた。

⑽　敗戦、そして引き揚げ

日本敗戦後も、中国国民政府は純三郎に対し孫文の協力者として従来通りの生活を認めた。また、純三郎は敗戦後新たに組織された「残留日僑互助会」会長に就任し、日本人の引揚げや戦犯容疑で勾留されている人々の擁護などに尽力した。

写真 75　王光漢写真
（1946 年 3 月 12 日）
王光漢は「日僑管理処」所長として、日本敗戦後の日本人管理を担当した。

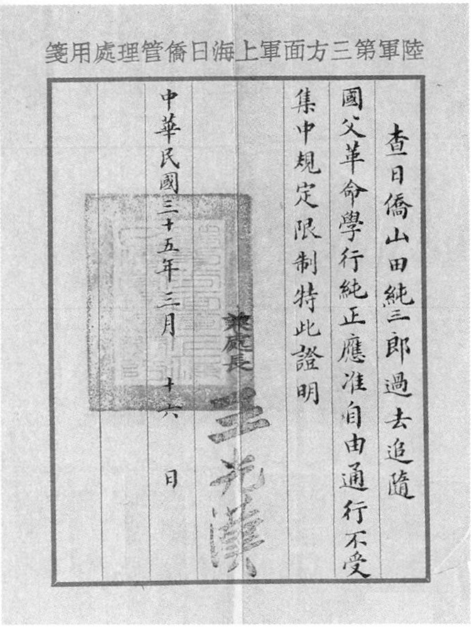

陸軍第三方面軍上海日僑管理處用箋

查日僑山田純三郎過去追隨
國父革命學行純正應准自由通行不受
集中規定限制特此證明
處長 王光漢
中華民國三十五年三月十六日

写真 76　王光漢発給の証明書
（1946 年 3 月 16 日）
孫文の革命に協力したことにより、通行の自由を認め日本人管理の適用外とする旨記されている。

写真 77　『導報画刊』掲載の記事（1946 年）

中国国民政府軍が上海で発行したこの雑誌の中で、
純三郎が紹介されている。

写真 78　残留日僑子弟補習室での写真

最前列右から 3 人目が純三郎。「日僑」は日本人居留民の意味。

⑾　純三郎の晩年——台湾訪問、孫文追悼

1948（昭和23）年に上海から帰国した純三郎は、1954年に蔣介石の総統就任式に招かれて台湾を訪問、蔣をはじめかつての同志たちと旧交を温めた。翌年には東京の湯島聖堂で「孫文先生逝世三十周年記念祭」を挙行した。そして1960（昭和35）年2月、東京都練馬区の自宅で83歳の生涯を閉じた。

写真79　台湾を訪問した純三郎（1954年）

左端から何応欽（⇒写真16・17参照）、１人おいて佐藤慎一郎（純三郎甥、後に拓殖大学教授）、純三郎。

写真80　総統就任式における蔣介石（1954年）

左から２人目が蔣介石。

写真 81「孫文先生逝世三十周年記念祭」(1955〔昭和 30〕年 3 月 12 日)

山田純三郎が主催者となり、湯島聖堂で開催された。当日は華僑も含め、300 名ほどが参列した。

写真 82　同上

中央は式典会場で挨拶を交わす純三郎。

7．純三郎の心の支えとなったもの

孫文の「秘書」役となり、中国革命にも深く関わった純三郎だったが、出身地の青森県とのつながりは絶えることなく、また晩年に至るまで良政への想いを抱き続けた。それらは彼にとって、まさに心の支えとなっていたのではないだろうか。

写真83　山田金次郎東奥日報社社長歓迎会（1939〔昭和 14〕年）

上海を訪れた山田社長（中央）と純三郎（左）。山田社長は 1939 年 8 月から 12 月まで従軍記者として中国各地を回った。

写真 84　津軽義孝伯爵による招待（1940〔昭和 15〕年 4 月 20 日）

日本に一時帰国した純三郎は、津軽家第 14 代当主の津軽義孝伯爵に招待された。前列中央が津軽伯爵、その左隣が純三郎、後列右より 3 人目が菊池良一。東京・華族会館にて。

写真 85　上海青森県人会創立総会（1942〔昭和 17〕年２月 22 日）

上海日本倶楽部にて。2 列目左より 8 人目が純三郎。当日は95名が出席した。

写真 86　貞昌寺で墓参をする晩年の純三郎

純三郎の脇には山田家の墓碑がみえる（⇒写真23 参照）。

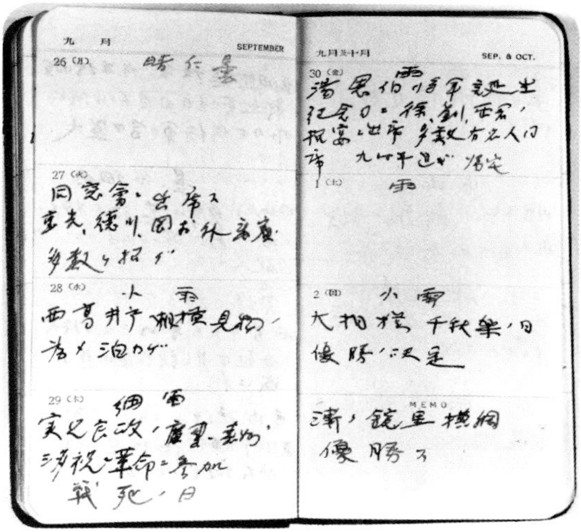

写真 87　良政戦死の日にちが入った手帳

（1955〔昭和30〕年）9 月29日の欄（左頁一番下）に、「実兄良政ノ広東恵州三多祝革命ニ参加戦死ノ日」とある。良政は 1900 年 10 月 22 日に戦死したが、その日は旧暦 8 月 29 日にあたる。9 月 29 日は月遅れの命日にあたる。

8．愛知大学が所蔵する孫文と山田兄弟の関係史資料

純三郎の死後、資料を管理していた順造氏は、亡くなる直前の1991（平成3）年に愛知大学へ全ての資料の寄贈を表明された。1998（平成10）年5月には愛知大学記念館に展示室が設置され、孫文や良政・純三郎兄弟、そして東亜同文書院などに関する貴重な資料の一部が公開されている。

写真88　愛知大学記念館（愛知県豊橋市）

旧陸軍第十五師団司令部、戦後は半世紀にわたり愛知大学本館として使用された。

写真89　二階に続く階段（左）と展示室前の廊下（右）

100年以上前に建造された当時の雰囲気が色濃く残る。

写真90　東亜同文書院の歴史を紹介する第１展示室

写真 91　孫文と山田兄弟を紹介する第２展示室

写真 92　孫文と山田兄弟を紹介する第３展示室

9．記念センターが主催した弘前資料展示会・講演会

2008（平成 20）年 7 月 26 日と 27 日、記念センターは山田良政・純三郎兄弟を弘前市民にも広く知って頂くべく、下のチラシにあるような要領で資料展示会・講演会を開催した。2 日間という短い会期であったが、予想以上の来場者があった。

写真 93

写真 94　会場となった弘前駅前市民ホール

写真 95　弘前駅前市民ホールが入る JR 弘前駅近くの「Joppal《ジョッパル》」

写真 96　展示会場風景

写真 97　同上

写真 98　同上

写真 99　展示会場風景

写真 100　同上

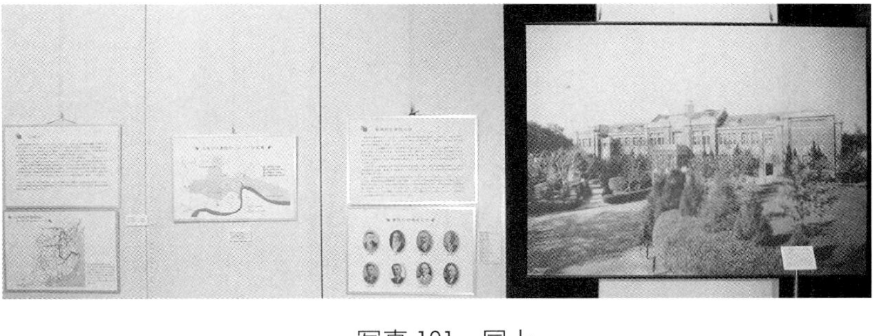

写真 101　同上

写真 102

写真 103

講演会の様子（2008 年 7 月 27 日）

（上）元陸奥新報社常務取締役・いずみ涼氏。当時、『陸奥新報』紙上に、弘前出身で満州国皇帝溥儀の側近であった工藤忠を題材とした「皇帝の森」を執筆連載していた。

（下）愛知大学現代中国学部の馬場毅教授。

写真 104　展示資料説明会（2008 年 7 月 28 日）

写真 105　同上

1 日 3 回の説明会には、多くの方が参加し、熱心に資料をご覧になっていた。

おわりに

愛知大学東亜同文書院大学記念センター　ポストドクター
武井　義和

今回、愛知大学東亜同文書院大学記念センター（以下、記念センター）から、孫文と山田良政・純三郎兄弟を対象とした写真を選定し解説したブックレットを刊行することになりました。

資料の寄贈者であった故山田順造氏は、父純三郎のもとに遺されていた非常に多くの写真や資料を整理されていました。さらに、それらの多くには、順造氏がご自身で調査したと思われる人物名や、撮影場所などが裏書等の形で記されています。本ブックレットの製作にあたり、それらの写真を活用いたしました。

このように、順造氏が生前に写真資料の整理に尽力され、父純三郎とその兄良政について研究された成果のおかげで、このブックレットができあがったことを、まず申し上げておきます。

記念センターは今まで、年1回発行する『同文書院記念報』や、『収蔵資料図録』などで山田家資料の紹介を行ったことがありますが、それのみを取り上げた図録・冊子類は発行したことがありませんでした。そうした折、2008年7月26日と27日に、青森県弘前市で記念センター主催による山田兄弟に関する資料展示会と講演会を行い、多くの方にご来場頂きました。しかし、郷土史家やかなりのご年配の方を除くと、兄弟の出身地であるにもかかわらず、彼らの存在を知らない方が意外と多かったことに大変驚きました。業務や研究を通じて彼らの活躍を知っているだけに、私としては弘前市民の皆様にもう少し関心を持って頂きたい、という気持ちに駆られました。また一方で、2011年は辛亥革命100周年にも当たるため、孫文の協力者であった山田兄弟について、一般の方にも広く知って頂く良い機会であると考えたことも、このブックレットをまとめる大きな動機となりました。

本ブックレットでは山田兄弟の生涯に焦点を絞りました。その中で彼らと孫文や中国革命との関わり、そして出身地弘前や青森県とのつながりを、未公開のものを含む写真資料を中心に掲載し、解説もできるだけ簡潔にまとめようとしました。

なお、末筆になりますが、山田家資料は愛知大学に到着した1991年度から、愛知大学大学院に在学していた諸先輩方が分担して整理を行っていました。その成果として、例えば重要な書簡600点ほどがマイクロ化されて愛知大学図書館に所蔵されております。私はその後を受け継いだわけですが、このブックレットの刊行には、先輩方のそうした尽力もベースにありました。当時資料整理に携わられた藤森猛氏、佃隆一郎氏、福井充氏、柳麗艶氏の諸先輩方、当時の記念センター長である今泉潤太郎名誉教授、資料整理に関わられた田﨑哲郎名誉教授に敬意を表するとともに、本ブックレットを刊行する機会を与えて下さった藤田佳久記念センター長、図1の弘前市地図と図2のトレースおよびデータ処理を行って頂いた記念センタースタッフの豊田信介氏、弘前ゆかりの人物について詳細にご教示下さった東奥日報社の松田修一様、ならびに写真7・8を提供して下さった赤平法導様に、厚くお礼申しあげます。

2011年1月12日
愛知大学東亜同文書院大学記念センター　書院研究室にて

【主な参考文献】

『愛知大学東亜同文書院大学記念センター収蔵資料図録　改訂版』（愛知大学東亜同文書院大学記念センター、2005 年）

『青森県人名大事典』（東奥日報社、1969 年）

池田誠・安井三吉・副島昭一・西村成雄著『図説中国近現代史　第 3 版』（法律文化社、2009 年）

結束博治『醇なる日本人　孫文革命と山田良政・純三郎』（プレジデント社、1992 年）

小坂文乃『革命をプロデュースした日本人』（講談社、2009 年）

後藤正人「東京谷中の全生庵に残る孫文撰並書『山田良政君碑』」（『月刊部落問題』275 号、1999 年 11 月）

『孫中山記念館（移情閣）概要』（財団法人孫中山記念会、2001 年）

『孫中山与国民革命』（万仁元主編・王暁華副主編、商務印書館〔香港〕有限公司、1994 年）〔中国語〕

武井義和「愛知大学が所蔵する孫文関係史資料について」（『愛知大学東亜同文書院大学オープン・リサーチ・センター年報』 4 号、2010 年 6 月）

『「孫文と横浜」展』（有隣堂、1989 年）

『津軽ひろさき検定』（社団法人弘前観光コンベンション協会、2008 年）

『東奥日報百年史』（東奥日報社、1988 年）

馬場毅「孫文と山田兄弟」（『愛知大学国際問題研究所紀要』126 号、2005 年 10 月）

『弘前市教育史』上巻（弘前市教育委員会、1975 年）

保阪正康『仁あり義あり、心は天下にあり　孫文の辛亥革命を助けた日本人』（朝日ソノラマ、1992 年）

保阪正康『孫文の辛亥革命を助けた日本人』（筑摩書房、2009 年）

安井三吉「孫文と神戸」（『愛知大学東亜同文書院大学オープン・リサーチ・センター年報』 4 号、2010 年 6 月）

横山宏章「孫文と長崎」（『愛知大学東亜同文書院大学オープン・リサーチ・センター年報』 4 号、2010 年 6 月）

など

愛知大学東亜同文書院大学記念センターへのアクセス

このブックレットで紹介した山田兄弟に関する資料を多く所蔵する、愛知大学東亜同文書院大学記念センターへ是非ともお越し下さい。

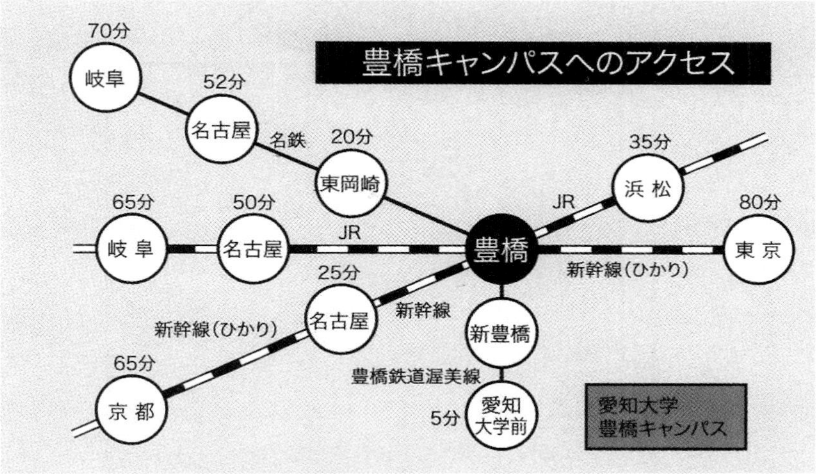

東亜同文書院大学記念センター地図

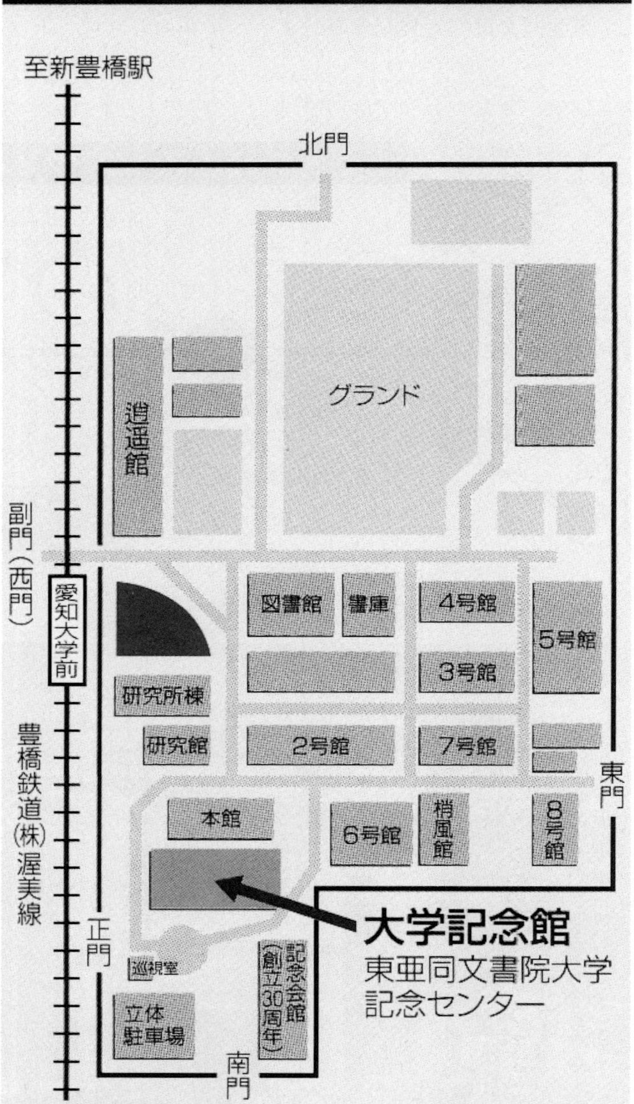

［著者紹介］

武井 義和（たけい よしかず）

1972年 埼玉県生まれ
1995年 愛知大学文学部史学科卒業
愛知大学東亜同文書院大学記念センター資料整理スタッフ
2006年 愛知大学大学院中国研究科博士後期課程修了。博士（中国研究）
愛知大学東亜同文書院大学記念センター ポスト・ドクター（2011年３月まで）
現 職 愛知大学非常勤講師など
主な研究分野：近代日中関係史、朝鮮近代史、東亜同文書院
主な論文：「戦前上海における朝鮮人の国籍問題」（『中国研究月報』60巻1号、2006年）、「東亜同文書院に関する先行研究の回顧と今後の展望」（『オープン・リサーチ・センター年報』創刊号、愛知大学東亜同文書院大学記念センター、2007年）、「中国における東亜同文書院研究」（『愛知大学国際問題研究所紀要』132号、2008年）、「東亜同文書院に派遣された準公費生について―愛知県を事例として」（『オープン・リサーチ・センター年報』3号、2009年）など

愛知大学東亜同文書院ブックレット ⑦

孫文を支えた日本人 山田良政・純三郎兄弟

2011年３月31日 第１刷発行
著者◉武井 義和 ©
編集◉愛知大学東亜同文書院大学記念センター
〒441-8522 豊橋市町畑町1-1 Tel. 0532-47-4139
発行◉株式会社 あるむ
〒460-0012 名古屋市中区千代田3-1-12 第三記念橋ビル
Tel. 052-332-0861 Fax. 052-332-0862
http://www.arm-p.co.jp E-mail: arm@a.email.ne.jp
印刷◉東邦印刷工業所

ISBN978-4-86333-037-5 C0321

刊行にあたって

愛知大学には、その前身校といえる東亜同文書院（一九〇一～一九四五 上海）を記念した愛知大学東亜同文書院大学記念センターがあります。東亜同文書院や同大学の卒業生の方々からいただいた心のこもった基金をもとに東亜同文書院記念基金会が設立（一九九一年）されたあと、一九九三年に当記念センターが開設されました。

この記念センターは東亜同文書院の歴史と、その卒業生で孫文の秘書役を果した山田純三郎のもとに集められた孫文関係史資料の展示を中心に行ってきました。中国、アメリカ、イギリス、フランスなどからの来訪者も含め、多くの見学者が来られ、好評を博しております。

二〇〇六年五月、当記念センターは文部科学省の平成一八年度私立大学学術研究高度化推進事業（オープン・リサーチ・センター整備事業）に選定されました。これまでの当記念センターの実績が認められたものと思われます。

この「オープン・リサーチ・センター整備事業」に選定されたことにより、東亜同文書院大学とそれを継承した愛知大学の開学をめぐる歴史についてのシンポジウムや講演会、研究会の開催をはじめ、東亜同文書院大学の性格やその中国研究、愛知大学の継承的開設に関する研究も行なうことになりました。

そこで、この「オープン・リサーチ・センター整備事業」の開設記念の一環として東亜同文書院時代の貴重な体験などを記録し、多くの方々にも知っていただけるよう、ブックレット・シリーズを刊行することになりました。

学問の府の継承をとおして日中関係史に新たなページをつけ加える愛知大学東亜同文書院ブックレットの刊行にみなさんのご理解とご協力をいただければ幸いです。

二〇〇六年一一月一五日

愛知大学東亜同文書院大学記念センター　センター長　藤田　佳久